Stéphane Pelletier

Je me recueille dans un recueil

Éditions Dédicaces

JE ME RECUEILLE DANS UN RECUEIL
par STÉPHANE PELLETIER

EDITIONS DÉDICACES LLC

www.dedicaces.ca | www.dedicaces.info
Courriel : info@dedicaces.ca

Stéphane Pelletier

Je me recueille dans un recueil

Au petit matin

Dans le silence, peu avant l'aube,
Je me glisse dans le sommeil du jour.

Dans le silence, peu avant l'aube,
Je vois le levé d'un nouveau jour.

Dans le silence, peu avant l'aube,
Le rêve sommeille au grand jour.

Dans le silence, peu avant l'aube,
J'attends de nouveau le jour.

Dans le silence, peu avant l'aube,
S'amène lentement le jour.

Dans le silence, peu avant l'aube,
Je salue le retour du jour.

Bonne nuit...

Qui que vous soyez
Faites de doux rêves
Ce que vous rêverez
Posera une trêve

Une nuit vous rêverez
Et ce sera d'une douceur
La nuit ainsi rêvé
Brisera bien des rancœurs

La nuit ainsi rêvassé
Sera pour le ou la sans cœur
Le réchauffement du continent glacé
Et en une nuit connaîtront la douceur

Une simple nuit à s'imaginer
La chaleur, le bonheur, la simple douceur
Une seule nuit pour s'approprier
Une seule, savourant le bonheur

Un simple touché
Un simple regard
Une oreille qui écoute
Une odeur qui sent bon
Le gout de se rappeler
La sensation de se sentir quelqu'un.

Brebis égarée

Tu m'as appelé
La voix blessée, cassée
Par un liquide alcoolisé.

Tu veux t'en sortir,
Mais arrête de te punir,
Pour cesser de souffrir.

Tu dois te repentir,
T'éloigner sans maudire
De ce qui t'aide à te détruire.

Et toi, de l'injurier,
Cette chose voudra te rattraper
Et, faut-il être fort pour y résister.

Tout n'est pas perdu,
T'as vue est revenue,
Évade-toi du noir des rues.

Tu dois remonter les marches
Que tu as descendues étant lâche.
Et aujourd'hui avoir les mains à la tâche.

Le ciel aime les repentis
Car, lorsqu'ils ont compris;
À Dieu, à la grâce, ils sont soumis.

Il faut avoir du courage
Pour dévoiler le soleil sous les nuages,
Afin d'admirer une belle journée après l'orage.

Dans la noirceur

Dans l'indigo de la nuit,
Je guette mon âme.
Et de la paix je m'enduis
Du teint qu'elle charme.

Sa fraicheur m'assaillant,
J'y touche son odeur.
Dans un mouvement lent
Respire la tendre lueur
Des reflets d'argent
Tapissant la noirceur.

La douceur de la nuit
Réfléchie mon âme,
Et d'un baume m'enduit
D'une caresse, la trame.

Son immensité enchante
Devant tant de grandeur.
D'un regard on y plante
L'œil, comme la fleur.
La posséder celui qui tente
Pliera devant sa splendeur.

La tendresse de la nuit
Berce mon âme,
Et sa beauté je m'enduis
Et m'enflamme.

Dans la nuit

Une nuit, quelque part
On me raconta une histoire,
Cette nuit, dans le noir,
On me toucha dans le soir.

Après l'acte de peu de foi,
La blessure brisa le petit moi.

Cette nuit là, quelque part
Se dessina, dans le noir,
Un chapitre de mon histoire
Délaissé dans le noir.

Après l'acte de peu de foi,
S'isola le petit moi.

Cette nuit là, dans le noir,
Le karma se teinta de noir,
Et le soleil s'éclipsa de noir,
Et la lune brilla le soir,
Après la nuit dans le noir,
Le karma n'était pas noir,
Et le soleil brilla le soir,
Et la lune se teinta de noir!

Après l'acte de peu de foi,
On répudia le petit moi.

Cette nuit là, dans le noir,
L'ombre n'est plus noire.
Et le jour comme le soir,
Mes pensées sont de noires.

Après l'acte de peu de foi,
Je reniais le petit moi.
Après l'acte de peu de foi,
Se ferma le petit moi.

Dis-moi...

Dis-moi, pourquoi te détruire?
T'as un avenir à rebâtir
Où est le bon gars que tu es?
Tu démolis tout tes beaux faciès.

L'élixir de jeunesse est un piège,
Il se trouve sous un bouchon de liège,
Comme on enferme les bons gens
Qui les assèchent avec le temps.

Un jour on s'y en attend le moins
Et ce même jour, nous ébloui.
On est vieux, en manque de soins
Et toute notre destinée est flapie.

Dis-moi, c'est tu le faute du passé?
T'as pourtant un présent à gagner.
Tu ne peux remporter sur le passé
Vit-on présent dans la sobriété.

Ce que je vois quand tu es là?
Un enfant qui se croit grand.
Tu sais, avant toi j'ai empiété là.
Toi, tu vas t'en sortir à quel moment?
Tu frappes qui dans tes batailles?
Cà te laisse souvent sur la paille
Et dans de lourde lamentation
Quand ton corps exhibe ses lésions.

T'as déchéance te rend enfantin,
Tu te crois indestructible, infaillible.
Arrête, arrête car un beau matin
En ton âme, trouverons la corde sensible.

Qu'est-ce que tu veux prouver
Avec toute ces filles que tu baises?
Où, qui vois-tu dans ce harem?
Quelle est la fille que tu aimes?

Après t'avoir autant appuyé, aidé
Je me sens un peu coupable
De peut-être t'avoir fait plonger,
Dans ce monde d'angoisse insoutenable.

L'amant fidèle à son frère

En mal d'amour

Le petit être que je suis
Petit grain dans la galaxie
Si petit cet être que je suis
Poussière dans la galaxie

En mal d'amour et incompris
Comme l'astre où j'ai grandi
Abusé, souiller, incompris
Comme l'astre qui dépéri

Sa bleuté emplit de beauté
Sur mon cœur est imprégné
Sa bleuté reflétant la pureté
Du cœur que j'ai, est imprégnée

En mal d'amour et dans la cruauté
Comme l'étoile où mon regard s'est posé
Bafoué, ridiculisé devant la cruauté
Semblable à l'étoile où mon regard s'est posé

En mal d'amour, je suis imprégné
De l'étoile où mon regard s'est posé
L'amant fidèle

Histoire sans fin

Je vois ce rondin
Qui se consume;
Et qu'une chaleur
Y câline ma peau.

L'air fait flotter un refrain
Que ma tête résume;
Et mes idées cherchent la rime
Que l'on cherche trop.

Euréka, je trouve enfin
Lorsque la cheminée fume.
La fluidité du régime
Fait qu'il s'écoule les mots.

Gribouiller un parchemin,
Assisté d'une plume;
J'y pousse la mine
Colorant des termes moraux.

Ne pas voir le bout du chemin,
Me fait peur mais m'allume.
Devant la victoire, je m'incline
Tel le toréador bravant le taureau.

C'est une histoire sans fin,
Chargée et lourde comme l'enclume
Que le forgeron fascine
Pour en forger les métaux.

Imaginez...

Je pleurs parfois, et souvent,
De revoir mon regard dans la glace
Ces blessures d'il y a longtemps.
Ces cicatrices couvrant la face
De l'ange blessé en-dedans,
Tatoué d'images néfastes.

Imaginez un regard si profond
Que l'on ne comprend avec des mots.
Imaginez d'y nager au fond
À 20 lieux sous l'eau.

Je pleur parfois, et souvent,
D'y voir votre visage dans la glace.
Vos pitrerie d'il y a longtemps
Se dévoileront devant la place.
Et ce jour, et dans les temps
Le gibier sera à la chasse.

Imaginez un regard si profond,
Que l'on ne comprend avec des mots.
Imaginez d'y nager au fond
À 20 lieux sous l'eau.

Je m'en rappelle

Ce soir, j'ai mis la maison au silence.
Juste le crépitement d'une douce attisée.
Elle semble me mettre légèrement en transe
Et son odeur fait jaillir ma pensée.

La nuit, je m'en rappelle de cette jeune muse.
Je me souviens de ma tête détournée, la chaise en balancier.
Je suis de ces gens à qui rien on ne refuse,
De m'avoir remercié, m'a en quelque sorte tuée.
J'ai atterri au milieu d'un monde inconnu
Laissé à moi-même, perdu et étrangement vêtu.
Pourtant, en forêt, je ne perds de vue ma sente
Paysan de souche habitué à une vie nonchalante.

comprend que ma vaillance a été démontrée.
Tel un ombrageux chevalier combat le dragon
En retrouvant son sang froid après une réflexion.
Et son cœur, face au vaincu, le fait doublement gagné.

Le pauvre paysan attendait depuis des lunes
Sa convoitise que, jadis, il s'était persuadé.
Aujourd'hui, il vit dans la peur des bancs de brumes
Car le sentier y est, bien loin derrière, dissimulé.

Nous sommes demain et la maison a reprit son bruit,
Le feu s'est éteint peu après minuit.
Mon délire a fait une place à la détente
Et ma pensée est devenue plus indulgente.

Je ne suis pas seul!

Oh non! Je ne suis pas seul,
Il y a moi quelque part.
Ah! Je te vois sale gueule :
Là, j'suis très bavard…

S'en prendre à toi, chien,
Attend que j'me ramasse,
Tes rien qu'un vaux rien!
Si j'passe tu t'tasses
Peureux de crétin;
Laisse-moi finir ta PHRASE!

Ma face déplaisante!
Je me déteste autant?
Épivarde mon épouvante
Mon pissou! Je te comprends.

Tout ce que tu sais?   AH!AH!AH!AH!
Maudite tête de pioche,
Tout ce que tu sais,
C'est que t'es moche,
C'est tout ce que tu sais!
Maudite tête de caboche!

Ma m'sacrer une volé,
J'aimerais çà j'pense?
T'es un p'tit pédé,
Tu l'sais j'pense?

Pendant qui s'amuse,
Toi, je me cache, innocent!
Et je pleure tes excuses
Mon non important.
Et chaque jour, je me récluse,
Moi, ton non important.

Je rêve de temps-en-temps

Je rêve de temps-en-temps
Le concept est le même.
Un petit guerrier blessé
Défendant la demoiselle,
Et le petit frère devenu grand.

Ces rêves de temps-en-temps
Apaisent mes petits problèmes.
Combattant sans être armé,
Ce guerrier, aux frêles ailes,
S'élève devant les géants.

Dans ce rêve, pas de temps,
Reculer toute la scène,
Recommencer pour l'enjoliver,
La technique, qu'elle soit plus belle,
Les gestes précis, plus flamboyant.

Dans ces rêves et le temps,
J'ai moins de problème.
Ce guerrier, le cœur brisé,
Défend les demoiselles
Et, le frère se croyant grand.

Je suis d'ailleurs

Je suis d'ailleurs.
J'ai tenté de m'intégrer,
Tous m'ont repoussé
Ces emmerdeurs.
Moi qui ne demande,
Moi qui n'accepte.
J'ai tenté de fuir,
C'est peine perdu.
De me retenir
C'est ce qu'ils ont voulu
Pour encore plus rire,
S'exclamer de rire.

Pourquoi m'avoir encabané
Sur une planète mal lunée.
Ils ne comprendront rien
Ces pauvres terriens.
Ils se rassemblent,
Rirons plus fort ensemble.

Je suis doux
Et aussi gentil,
Mais aujourd'hui
Mon coté doux
Est démoli
Je ne le suis plus aussi.

En m'arrêtant comme ça,
C'est peut-être à cause de moi?
Je me repositionne,
Je me questionne.
Que puis-je faire?
Je ne peux me plaire.

Juste un moment

À l'heure du réveille des lève tôt
Sous une lune à demi remplie,
Caressé par une fine neige ruisselante,
Je suis assis reposant mes muscles atrophiés.

J'entends le bruit d'une rivière chuchotante
Et d'une brise qui soulève le drapeau.
Juste le son de la nature qui sévi
Je profite de cet instant pour me reposer.

La fin d'une inhalation d'une mauvaise plante
Me rappelle et me ramène à la réalité.
Je me soulève doucement d'où j'étais assis
Puis me ressaisi, je dois reprendre le boulot.

Avant l'acharnement, j'apaise mon fragile dos.
J'ai le souvenir que c'est toujours la nuit.
Mais qu'est-ce qui fait que je dois travailler?
Elle m'a eu cette nuit, la nuit, l'intelligente.

Je la combat en en faisant une rêverie
C'est une façon pour moi de me revancher.
Plus le présent devient passé, plus elle est plaisante
Car, la nuit me transporte, étrangement, au paradis.

La blancheur effleurée de noir

De voir sa peau blanche
Son corps couvert de noir
Ma soif pour elle ne s'étanche
Et, devant ses yeux, je garde espoir.

Effrayé par son étrangeté
Elle a tout pour me plaire.
Un peu farouche de mon coté,
Je semble la satisfaire.

La peur me la redemande
Je bois de ses silences
Je m'offre comme offrande
En m'abreuvant de sa complaisance

J'aime toute sa délicatesse
J'adore son agressivité
J'affectionne toute sa souplesse
J'apprécie son étrangeté.

J'avance dans le secret
Je pénètre dans son cœur
Je guette ses gestes discrets
Et elle me sonde sans peur.

Elle s'approprie mes pensées
Je m'approprie les siennes
Elle s'approche du condamné
Et sa beauté brise mes chaînes.

Dans l'ivresse, je la nomme
Tant d'envie, je la somme
L'envie est plus que charnel,
Mon envie c'est tout elle.

Si elle te donne des ailes, vole jusqu'à elle.
L'hirondelle bravera rapace pour construire son nid.

La haine en amour

La haine est-elle venue après l'amour?
Puisque l'amour engendre la haine.
Comme deux amants se faisant la court
S'ils se quittent, ne laissent pas aux mots leurs chaînes.
Semblable à deux électrons se tournoyants autour
Qui, s'ils se fissurent, créerons toute une scène.

Désolé d'être comme tu me vois,
Tantôt jours de pluies, tantôt de froids,
Tantôt journées ensoleillées, tantôt chaudes.
Je suis comme cette vie, je suis émeraude.
Tu es aussi un joyau de valeur,
Et tout deux, pouvons être dérobé par un voleur.

Comme nos quatre belles saisons
La vie naît avec son nouveau printemps
Ou en été, on grandit jusqu'à la moisson
Et en automne, on vieillit et on ralentit le temps.
Pour qu'en hiver on s'assoupisse en attendant
Que revienne de nouveau, un nouveau printemps.

Remercier de laisser s'épanouir l'amour.
Pardonnez aux amours de féconder la haine.
Recouvrez vos corps froid d'une laine
Pour retrouver un abri dans votre cœur.
Étant que le manque de la douce chaleur
Est une mort lente qui freine les battements du cœur.

La larme

Dans la forêt secrète
Coula la rivière froide
Un regard s'inquiète
Qu'elle ne s'embarde
D'un coup elle se jette
Sur la peau du barde

La vue sur l'autre rive
S'y présente la vie
Une couleur non vive
D'un arbre défraîchit
La peine se ravive
Devant la force du fruit

Et coula la rivière triste
Sur la joue de cailloux
Un regard défaitiste
Couvert de la boue
De l'œil de l'artiste
Abattu, mais encore debout

Le courant semble fort
D'un doigt s'y dériva
Et n'atteignit le port
Qu'on lui destina
D'un doigt en renfort
La tristesse l'essuya

Sa puissance enjamba
Le barrage posé et dur
Le silence, la paix se brisa
Dans un fléau si sûr
Que la main ne brisera
De son regard impur

Le bon diable

Ce soir, la lune s'est timidement voilée.
Il y a cette souffrance enfouie et profonde
Que je dois garder et du mal la préserver ?
Puisque le mal n'attend qu'elle se féconde.

Le mal n'est pas si mal dans son bas fond.
C'est un être triste, délaissé et éprouvé.
En fait, le malin est de ceux incompris et bafoué.
Il porte les maux du monde sur son front.

Ce mi-homme a subi de douloureuses épreuves,
Il est bouleversé autant et tel une vieille veuve.
Les gens cherchent à faire le mal en son nom
Mais, ils n'ont rien compris de l'injonction.

L'abominable a voulu mettre en garde l'humanité
Contre l'abondance de crime de ces impies.
Il est pourtant doux, compréhensif et attentionné.
Traîné dans la boue, il a manqué de câlinerie.

Bavé par ses camarades, il s'est cru mauvais.
Agressé, il s'est lui-même traité en déchet.
S'est espièglerie le font bouillir de douleurs
Se remettant toujours en question, il a peur.

Mais qu'est-ce que j'ai fait seigneur?
Ce questionnement le hante toutes les journées.
C'est lui la victime, sauvez le seigneur.
Son regard est fuyant, souvent détourné.

Je vous le dis, il porte les blessures en lui.
Même s'il n'en ait rien, il le croit le misérable.
Plus il y croit, plus il est convaincu, il est banni.
Il est ange et lui s'imagine être diable.

Pris de délire, son âme aussi est torturée
Comme si les anges n'avaient de lui aucune pitié.
Il se sent seul au monde dans ce jardin
Seulement, autour de lui, que des diablotins.
Les orchestres créent l'image et l'effleurement,
Son corps est croupi par un poids malveillant.
Ce poids fait de lui une nature transparente
Qui le rend fragile et que les virtuoses tentent.

Le fou!

Vivre dans l'injustice
Et se réveiller justicier
Vivre et être triste,
S'endormant sur l'oreiller.
Braver cette injustice,
Et s'endormir justicier.
Mourir et être triste,
Se réveillant sur l'oreiller.

Le fou est vu ainsi
Le bon possède tout
Le fou est démuni
Et le bon possède tout

Le cadre d'injustice
Réveille le justicier,
Le tableau est triste
Sanglotant sur l'oreiller,
Un Homme de justice,
Flaire le chemin, le sentier
Retrace la moindre piste
Endormi sur son oreiller

Le fou est vu ainsi,
Le bon possède tout.
Le fou est démuni,
Et le bon possède tout.

Le chevalier masqué

Depuis des soleils,
Depuis des lunes,
Seul dans ses abîmes
Blessé comme aucun
Règne le chevalier masqué.

L'armure n'est utile
Mieux vaut s'en départir
La force serait trop futile
Mieux vaut faiblir

Depuis des soleils,
Depuis des lunes,
Subi dans le silence
Injustice et blessures
Feront le chevalier masqué.

Démasquer ses faiblesses
S'avèreront utile
S'étendre de paresse
N'est pas trop futile

Depuis des soleils,
Depuis des lunes,
Justice du jour,
Justicier de la nuit
Règne le chevalier masqué……………..

Masquer sa force dans la faiblesse,
Montrer la chair couvrant le fer
Pleurer de douleur bravant la mort
Ne provoque, les provoquant
Esseulé, s'assemble les peuples…………………

Le message

Je vis, de mes yeux, des félins, dit de malheur.
Seulement, ils ne portaient pas la stupeur.
Ils étaient, apparemment, annonciateurs
Puisque, peu après, je reçu un message,
De l'oiseau de la belle, sorti de sa cage
Qu'il me transmettra après un long voyage !

Bravant les vents et les intempéries
Courageusement et au péril de sa vie,
Son message se rendit jusqu'ici.
Mais qui suis-je pour penser ainsi?
J'attendis une réponse, mais l'ailé ne répondit.
Je répétai au voyageur, mais il ne <bronchit>.

Soudain, ses frêles ailes s'ouvrirent
Et s'y découvrais un texte que je puisse lire.
Je compris alors que c'était le fruit de mon délire.

Ce soir là, la neige se déposa sur mon visage,
Créant de fausse larmes et sur ma peau des sillages.
Fausseté créé, car je ne perdrai pas courage.
Un jour ou l'autre, quand je serai grand et sage,
Que mon corps et mon cœur traverseront les âges,
J'aurai dans ce périple, l'amour comme seul bagage.

Le mystère

Le mystère m'attire
L'étrangeté me fascine
L'étrangeté m'attire
Le mystère me fascine…

Une princesse prisonnière,
Dans un monde libéré.
La belle, couverte d'œillère
Devant sa liberté.
La douceur condamnée
Au cachot enchaîné,
La belle, est prisonnière
De sa destinée.
La princesse dans sa misère
Attend d'être libéré.
La belle, entourée de pierre,
Ses yeux ont si pleuré
Devant sa douceur damnée
Son âme est ligotée.
La douceur dans ses prières,
Empêcha la larme de couler.
Ainsi, elle est prisonnière,
Devant sa liberté.
La belle au regard couvert
Rêve de ses mains libéré
Par un regard effarouché
Qu'ils ont tous vu pleurer.
La douceur ainsi découvert
Quand une larme s'est écoulée
Sur le masque de poussière
De la belle qu'on n'a oubliée.

Le nom

Le nom des étoiles ne me plait,
Le nom de cette fée, lui me plait.

De la graine de la fleur
N'y poussera pas l'arbre,
Aucun battement du cœur
N'y effaceront pas l'ambre.

La sève monte à la cime,
Et à la terre s'enfonce mes racines.
Cet équilibre vient de la rime
De ce temps, un moment qui s'enracine.

Le temps des étoiles, ne m'importe,
Le temps sage avec elle, m'emporte.

La fin des étoiles ne m'importe
Tant que sur son étoile, elle m'emporte.
J'attends qu'on me réchauffe…
L'amant fidèle

Le regard

Mon regard se pose à la droite,
Devant la frayeur de l'amour
Je me positionne à la gauche.
Elle semble tellement adroite
Devant la frayeur de l'amour,
Le visage tourné vers la gauche.

S'il ne se pose à la gauche
Devant autant d'amour,
C'est que la technique, non adroite,
Me semble tellement gauche.
Effrayé devant tant d'amour,
Ma position est alors, maladroite.

Je fuis de la main droite,
Franchissant le portail d'amour
Dans un silence malagauche.
Elle semble si droite,
Dans un trop plein d'amour
Je semble petit et gauche.

Le sorcier d'espoir

Je veux que tout ceux qui ont de l'amour soit heureux.
Je veux qu'on applaudisse les gens généreux.

Sur cette terre qui nous a portée et qui nous portera encore,
Cette sphère qui nous a tant donnée, est le trésor.

Cachée parmi ces îles encore inexplorées,
Ces occupants devraient, en fait, la louanger.

Étoile, reste, ne t'occupe pas que de toi.
Pense à ceux qui sont tout autour.

Car en fait, si tu détruits tout,
Tu détruiras aussi les gens d'amours.

Rééquilibre les choses,
Car le mal et le bien font aussi parti de toi.

Vénérons cet îlot comme le faisait les tribus anciennes.
Tous les peuples rassemblés forment, aujourd'hui, une tribu
humaine.

Brave semblable qui retourne sa surface pour sa durabilité,
À la sueur de leur front vous avez, pour elle, fort travaillée.

Chaque fois que tu sauves un de nous de ton fruit,
Chacun a, et doit et se doit de te sauver la vie.

L'avarice a fermée les yeux de beaucoup de gens,
Mais le chant des tentateurs, j'espère, leurs ouvriront grands.

Les tiens

Tiens, salut'pa
T'es déjà l'vé à matin
On s'prends-tu un p'tit café;
Et après on sort fumer.
(Là, j't'ai demandé)
Ton deuxième es-tu rentré?
Tu m'réponds qu'il a de la peine,
La tristesse d'une autre forme;
Rien ne se perd, tout se transforme.

Impuissant face à ton mal,
Nous nous sentions incapable
D'éprouver de vrais sentiments,
Mais tu l'sais, t'es intelligent.

Tiens, bonsoir'pa,
Tu veux-tu un p'tit café,
Ah! Seulement si j'm'en fais un,
T'es vraiment pas exigeant.

(Là, j'te dis)
La colère que j'ai en dedans,
Ne provient pas de la personne.
C'est des larmes bien avalées,
Et j'crois qu'ça m'a empoisonné.

Et comme toujours t'as su me parler,
Tu nous comprends, tu nous pardonne.
Tu dis qu'c'est comme ton deuxième,
Tu nous comprends, on a d'la peine.
Tiens, bonne nuit'pa,
Est-ce qu'il te manque quelque chose?

Est-ce que ça va aller pour toi?
Bonne nuit et à demain matin.
(Là, tu m'dis)
Non! j'ai tout ce qu'il me faut,
Bonne nuit et fait très attention.
On se revoit demain matin,
D'ici là passe une bonne nuit.
Et depuis ce matin là,
J'entends les voix de l'au-delà
Celles que t'as laissées pour nous.
Et depuis ce matin là,
On entend le son de ta voix
Celle que tu as laissée pour nous.

Tiens, bon voyage pa,
As-tu besoin de quelque chose?
J'espère que t'as tout ce qu'il te faut?
Et on se dit à tantôt.
(Et là, tu nous dis,)
Longtemps vous penserez à moi,
Comme longtemps j'ai pensé à vous;
Vos mains posées sur moi,
                    C'est tout ce qu'il me faut.

Les yeux ouverts et fermés

Les yeux fermés devant l'amour
Blessé de les ouvrir un jour
La violence nous l'avoue
Devant le cœur dans la boue

Se traîner devant ses tristesses
Qu'elle se sert, connaissant tes faiblesses

Les yeux ouvert et blessés
Vouloir les baisser, les refermer
Mais sa violence te traîne à genoux
Devant son cœur aussi jaloux

Comprendre sa tristesse
Mensongère devant ta faiblesse

Les yeux fermés, se plaignant
Le bonheur semble feignant
Et sa violence, plus tendre
Naïf, bêta de m'en éprendre

Elle ne voit que ses tristesses
Se fout-elle de ma détresse

Les yeux vers les étoiles

Il fait ce qu'il veut,
Il fait ce qu'il peut;
Il ne voit que du noir,
Il semble au désespoir.

Il regarde dans les nuits noires,
Il regarde à tout les soirs;
Il cherche un infime espoir
Le soir dans les nuits noires

Et puis, il dit
Les yeux vers les étoiles
Et puis, il crie
Aux aurores boréales

Il a chargé son arme,
Il a vendu son âme;
Brisé le cœur d'une femme;
Laissé sa famille dans les flammes.

Il a oublié de songer,
Il n'a pas pensé à rêver;
Il n'a pas fait ses aux revoir;
Tu quitte dans la nuit noire.
Est-ce un acte de lâcheté?
D'un geste désespéré?
D'un élan de courage?
D'un goût pour le grand voyage?

Ton silence pose ses questions,
Sur une pierre est marqué ton nom;
Devant l'acteur que tu as été
Le rideau vient de se refermer.

Mais qu'est que je fais là?

J'ai vu une lueur dans ton regard.
Qu'est-ce que tu veux de moi?
Le mien est humide et sombre, noir,
Mais il fait profession de foi.

Les maux peuvent être silencieux
Et parfois même, paraître joyeux.
La douleur s'installe doucement
Et frappe à n'importe quel moment.

C'est à l'heure du crépuscule
Que mes idées s'accumulent !
Durant ces heures interdites
Se dessine ce que je décrypte.
Je sais, j'ai disjoncté;
Autant que toi j'en suis brisé.
J'aurais du demeurer ermite
Pour déjouer ces phrases écrites.

Je sais aussi qu'on fait mal
Aussi gentil que nous soyons.
Essayer de s'en échapper tant bien que mal
Est une utopie que nous nous concevons.

Mais qu'est-ce que je fais là?
On dirait que je me plains!
J'devrais plutôt jouer les gros bras,
Mais c'est que je ne me sens pas bien.

Je suis tout seul de ma bande
Entouré de gens à qui je ne donne ma confiance.
On dirait qu'on me voit comme une valeur marchande.
C'est pourquoi, je pose le pied avec prudence.

Mais qui était-ce?

Assis au fond d'un bar,
À l'abri derrière un verre;
Une danseuse se voit revêtu
D'un costume de militaire
Se cache le visage sous un masque.
Elle sort d'une boite noire
Une sorte de revolver.
Absorbé par l'étrange scène
Qui se déroule devant ma vue,
Je l'observe ingénu
Les yeux à demi fermés,
Comme un dur, un vrai
Qui en a déjà trop vu.
Dans un élan de froideur
Le pistolet se braque sur moi.
Elle me connaît, c'est sûr!
Elle m'en veut, c'est certain!
Mais qui est-elle cette fille?
Qui, avec moi, n'est pas très gentille.
Si elle m'en veut à mort,
C'est peut-être que j'ai eu tort
Une fois, à un moment quelque part.
Elle m'en veut, c'est certain!
Elle me connaît, c'est sûr!
Personne dans la salle ne me connaît,
Je viens de loin, loin de cette ville.
Sauf elle qui, il me semble, ma reconnu.
Mais qui est-elle cette fille?

Mon histoire

La vie, cette vie m'effraie;
Depuis longtemps, elle m'apeure.
Mon premier amour, qui ne m'aimait,
A voulu faire de moi sa torpeur.
Petit, il m'a blasphémé.
Plus grand, il m'a rejeté.
Mon premier ami, mon père,
N'a rien compris de cette guerre.
Je suis laissé et chagriné.
Mon deuxième amour, je l'ai rejeté,
Et de plus, je l'ai blasphémé.
Je suis blessé et chagriné.
Mon second ami, mon frère,
A vécu, par ma faute, un calvaire;
Supposé le réconforter, le protéger;
Me sauver ai-je fait, me sauver.
Mon autre amour n'en était pas un.
Pour être, il doit être réciproque à chacun;
Il m'a blasphémé et rejeté
J'y ai cru pendant une éternité.
Mon ami, ce revendeur,
M'a laissé une trace sur le cœur;
Une expérience non désirée
Peu avant ma puberté.
Et l'amour qui est à présent;
Je me retiens le plus souvent.
Aurais-je peur de le blasphémé?
Pour encore me faire jeter!
Cette fois, plus d'amis, d'amitié.
Je crois que mon histoire s'est lassée?

Naviguer

À la traversée de la mer,
Il faut se préparer à la tempête;
Avoir un œil scrutant l'horizon;
Voir venir le temps et sa colère
Pour se rendre au bout de sa quête
Tout en restant sur le pont.

Affronter les vagues de front
En continuant de naviguer,
Même si on croit que l'on va mourir;
Tout en gardant le cap, la direction.
Tenir la barre, sans abandonner,
Se tenir, s'accrocher sans faiblir.

Et lorsqu'on la croit éternelle,
Subitement, on ressent l'accalmie.
On voit au loin la pâleur du ciel
Et sur le navire, quelques débris
Laissé là, quand dame nature,
Y a déposé tout son armature.

Le calme après la tempête émerveille,
Se mélangent les couleurs au couché du soleil.
Bientôt la nuit dévoile la voie lactée;
Choisissons l'étoile dominante pour nous guider.
Le capitaine seul, croit à ses visions,
Lui qui pousse sa voile à destination.

Neige

Les flocons sont tombés en épaisseur
Ressuscitant en moi une enfance;
Ces glissades empreintes de terreur,
Ces forteresses blanche et peu immense.

J'avais oublié l'énergie de l'enfant
Que l'on brûle à vouloir être grand !
Des heures à créer des scènes heureuses,
Hors de l'abri, y festoyant la poudreuse.

Les vents soufflant annulaient l'éducation
Se réfugiant, au chaud, dans nos habitations.
Nous profitions de la froide saison
Pour découvrir de nouvelles occupations.

Le givre des vitraux se transformait
En des fresques de grandes valeurs;
Ou après un redoux, elles s'effaçaient
Et on recommençait à la froideur.

La blancheur colore les boisés
Et les champs sont sous une neige damée.
La beauté est de mise dans la champagne;
J'en rêvasse de ma campagne!
La nuit sous d'épaisses couvertures,
Les rêves n'y trouvent pas l'usure.
On se blotti dans un lit douillet
Et au-dessus de nous, la neigeuse revêt.

La fleur des neiges

Où est la fleur des neiges
Vagabond que je suis
Récoltant d'un ton pêche
Avant les pluies

L'élixir de sa sève
Emporte ma blessure
Tendrement y soulève
La toile couvrant les coupures

Où est la fleur des neiges
Rarissime est son venin
Soignant le sortilège
Dont le cœur est empreint

La cueillette de ses racines
Demande un doux doigté
Et la recette y fascine
Le temps de mijoter

Où est la fleur des neiges
Le besoin du remède
Assoiffe le sage et afflige
Son besoin du remède

Où est le véritable amour?

Je ne l'ai jamais cherché
M'y croyant s'y indigne
J'ai cru un jour l'avoir trouvé
Dans la réunion des cygnes
J'y fus alors désillusionné
M'y croyant s'y indigne
Où est le véritable amour?
Il est là tout près de chacun
Où est le véritable amour?
Devant les yeux de chacun
Je l'ai vu une fois, un jour
En étend si indigne
Je lui ai fait demi-tour
Y étend si indigne
Où est le véritable amour?
Devant le geste et le regard
Où est le véritable amour?
Sans geste et regard
En y étend si indigne
Où est le véritable amour?
L'amant fidèle

Prendre le temps

Ma déraison part à ça jeune venu.
Le printemps réapparaît, je retrouve la vue.
Les oiseaux dansent, les animaux s'éveillent
En même temps qu'eux je me réveille.

J'ai oublié que je ne vaux pas grand chose
Dans cet univers tantôt plaisant, tantôt morose
Pourtant dans lequel j'aime m'y balader.
En cette saison achève ma pensée, je me suis arrêté.

C'est à cette époque que mes histoires se font rares
Je laisse ma journée se révolter face au hasard.
Tandis que j'essais de penser à autre chose,
Ma vie s'aligne semblable à un texte en prose.

Il est sure que je m'ennui d'un passé troublant
Et j'espère qu'au retour, il sera moins dément.
Car, c'est au passé que je me sens le plus esseulé.
Abandonné comme un animal mal aimé et piégé.

Avec cette nouvelle journée, avec ce renouveau,
J'aimerais prendre le temps de souffler un peu.
Prendre le temps pour toucher, regarder, goûter l'eau.
Rendre mon sort, mes jours quelque peu plus heureux.

Prière de me pardonner...

Pardonnez-moi père, si je pêche,
Devant tant de beauté dans la bonté.
Acceptez père si un jour je prêche
De devoir, à elle, y succomber.

J'ai vu un seul instant, un seul,
Le regard de cette belle dame
Se sentant oublier, et seule
Dans ses tourments et drames.

L'attendrir de douces caresses
Cela, l'apaiseraient-elles?
Ne pas l'emplir de fausses promesses,
Car, je lui blesserais les ailes.

Un seul instant, entendre son rire
Un seul instant, écouter son chant
Un seul instant, de lui écrire
Un seul instant, un poème touchant

Elle y vu un instant, un seul,
Mon regard tendre fuyant
Elle y vu un instant, un seul,
En elle, le bleu de l'océan.
Elle y vu un instant, un seul,
Ce regard tendre et fuyant
En un seul instant, un seul,
Vu les blessures au présent.

Sa tristesse est devenue mienne,
Les yeux ne peuvent mentir.
Ma tristesse n'est pas sienne,
Je ne peux pas la faire souffrir.

En un instant, un seul,
J'ai souffert devant elle
En un instant, un seul,
J'ai eu peur devant elle.

Un guerrier sans cicatrices,
N'a pas fait la révolution.
Un tendre sans cicatrices,
N'a pas connu la passion.

Protégez-moi

Force du monde de l'invisible,
Rendez-moi presque comme vous,
Rendez-moi quasiment invincible.
Protégez-moi contre la malédiction des fous.

Je ne serai pas homme parfait,
Car la perfection n'existe que dans l'imaginaire.
Je ne serai non plus fait de pierre
Puisque, je l'espère, n'existe que dans l'imaginaire.

Je serai homme soumis à la justice
Tel un chevalier servant sa reine.
Combattant sans lâche les faux supplices,
Renfermant le malin dans ses chaînes.

Force du monde de l'invisible,
Ne me laissez pas devenir fou,
Rendez-moi quasiment invincible.
Protégez-moi contre la malédiction de ces fous.

Je serai noble dans la modestie,
Bravant le monde et sa cruauté dépravée.
Me référant à votre société avertie
Pour ne pas moi-même y sombrer.

Je ne serai pas homme calomnieux
Puisque j'ai moi-même été calomnié.
Je ne serai non plus impétueux
Étant donné que je les ai côtoyés.

Force du monde de l'invisible,
Ne m'abandonnez pas loin de vous.
Rendez-moi presque invincible,
Préservez-moi de la malédiction des fous.

Que de belles choses

Autant de belles choses
Ravagées par la main

Autant de belles choses
Mutilées par la main

Oubliant d'où ils proviennent
La main douce se durcie
Révélant de la peine
De la main, elle punie.

Autant de belles choses
Caressées par la main

Autant de belles choses
Amadouant la main

Souillant la cour, qui est sienne
La main te maudit
Et la colère de la peine
De la main te châtie

Autant de belles choses
Façonnées par la main

Autant de belles choses
Préservées par des mains….

Qu'est-ce qui est joli?

Qui a-t-il de plus joli?
Qu'une femme qui nous sourit
De voir l'enfant plein de vie
Qui a-t-il de plus joli?
Ce n'est pas…
Cette belle auto qui relui
Cette grande maison hors de prix
Cet enfant sage qu'on puni
La vie d'un homme qu'on détruit
Qui a-t-il de plus joli?
Que la famille éprouvée reste uni
De voir la beauté dans l'ennui
Qui a-t-il de plus joli?
Ce n'est pas…
De piller les autres pays
De voler les plus démunis
De violenter les plus gentils
Au profit du bien nanti
Qui a-t-il de plus joli?
Que le regard de l'apprenti
Que le paysage qui fleuri
Qui a-t-il de plus joli?

Se perdre...

C'est une cuve sombre et amère
Dont la liqueur couvre d'œillère
Les yeux rougis de rage de nos frères.

J'ai vu le corps de ce damoiseau
S'affaiblir sous le poids du fardeau
Quand l'eau de vie coula à flot !

Où l'enivrante a soustrait la bienséance !
Et où, parfois, on y frôle la démence;
Alors, on demande pardon et indulgence

Seulement, la tolérance du contenu
Fait qu'on se perd un peu plus;
Il est bon le contenant et son contenu.

L'ivrogne répugné à la vision,
Combat le réel avec l'illusion
Et vomi sur son monde en conception.

Il faut savoir soigner pour vaincre;
Celui qui ne sait soigner doit craindre.
La réalité ne doit pas être enfreinte!

Plus on s'éloigne du chemin,
Plus le retour à la source est loin,
Plus le jugement doit-être serein.

Soir d'été

C'était un soir d'été
Il faisait très chaud
Il y avait le chant des oiseaux
Que j'aimais bien écouter

Allant à ta rencontre
Je suivais mon ombre
Le soleil se couchait
Et toujours j'espérais

J'espérais pouvoir aimer
Mais qu'allait-il se passer
Depuis que nous nous sommes rencontré
Je ne pouvais plus reculer

C'était toujours l'été
Et il faisait très chaud
Lorsque j'ai touché ta peau
Où nous étions perchés

Où on voyait la mer
Où on voyait la terre
Dieu seul sait ce qui pourrait arriver
Et seul le diable s'en serait douté

Vas-tu toujours m'aimer
Où vas-tu me quitter
Peux-tu toujours rester
Et ne jamais m'abandonner

Solitude bien gardée

Il me semble que mon corps physique
Ne veut plus suivre le monde cosmique
Tout deux sont épuisés, fatigués.

J'ai trop aidé, j'ai tant donné.
À moi, qu'est-ce qu'il me reste?
Que moi, seul avec ma détresse.

Oh! Il y a tant de monde autour.
C'est vous qui m'y avez amené
Dans cette immense solitude trônée.

Dans cette vie solitaire qui ne me laisse sourd
Les yeux éclairés d'événement soudain
Qui semble me conduire vers un jardin.

Sur ce chemin de joie et de tristesse
Où l'on gagne si pourvu de justesse.
Juste, je veux le rester encore longtemps.

Même jusqu'à la fin de notre temps,
Temps qu'il me reste à purger
Dans cette éternelle éternité.
Qui viendra me soulager, me soigner
J'attends et j'entends le temps compté
Solitaire, l'imaginaire crée la réalité

Solitude, l'imagination m'a rattrapé
Je suis seul, même bien entouré.
Je suis le solitaire bien gardé.

Sur mon cœur

Tu t'es enfermée à double tour;
Écrire ta pensée me violente,
Les écrits ne sont pas de velours
Et la possessivité y est présente.

Ma liberté avec toi est brimée,
Tes yeux aveuglés par la colère
Embrouillent la clarté de tes idées
Et le ton de tes dires est sévère.

Tu te prends pour mon dompteur
Qui puni son apprenti pour sa faute;
Car, il faut voir ses propres erreurs
Avant de punir sévèrement le fauve.

Ce matin, j'ai vu la lumière s'éteindre.
Le tableau, je ne suis pas le seul à le peindre.
Si tu blesses trop une gentille bête,
Elle se retournera contre son maître.

Je ne savais, enfin, j'aurais pensé
Que nous, ça aurait pu marcher;
Hélas, je crois qu'on ne se comprend pas,
On ne marche pas dans les même pas.

Ce n'était pas dans mon intention,
De démolir tes rêves de familles.
Sur mon cœur il y a un sillon
Car, tu es tout de même une bonne et belle fille.

Trois jours de vide

Quel jour on est ma belle?
Le 14 février, est-ce vrai?
Bien, j'ai pas de cadeaux, pas de <bébelles>,
Juste mon cœur posé pour vrai.

Ta blessure aussi grande que la mienne,
J'en ai tellement de peine.
Je veux pouvoir te la panser
Pour que t'arrête de saigner.

J'ai été méchant assez souvent
Ça t'a fait mal aussi.
J'ai été souvent gentil
Ça t'a fait du bien aussi

Te promette de ne plus recommencer
Ce serait de te mentir,
Et de te mentir me fait pleurer.
Alors, je ne peux te mentir.

Tiens, j'entends ta douce voix,
Elle me réveille tendrement.
J'adore l'entendre sans désagrément,
Elle me caresse du bout des doigts.
Tiens, j'entends tes gentils pas,
Ils semblent venir vers moi.
Je les entends, ils s'arrêtent près de moi.
J'ouvre les yeux et tu es là.

Tu es assises à mes cotés
Plus souriante que peiné
Et de t'avoir hypocritement blessé,
Je te trouve plus belle et fasciné.

Fasciné par ton âme puissante
Qui garde farouchement la mienne.
Fasciné de ton âme patiente
Qui espionne en cachette la mienne.

De m'avoir donné un enfant,
M'a ramené un peu à la vie.
Je voudrais en faire pour toi autant
Pour que tu retrouves la vie.

J'ai écrit ces quelques lignes
Trois jours avant cette date.
Parce que j'ai ressenti un vide
Et je crois que ce vide était le tiens.

Un père aujourd'hui

Ce soir, tu sembles t'endormir
Ton soupir est couvert par tes pleurs.
Je voudrais savoir ce qui te fait gémir
Et qu'est-ce qui pourrait faire ton bonheur?
Au lieu de cela, je te laisse te plaindre
Car, je pense que c'est pour me feindre.

Je t'ai peut-être beaucoup trop donné
Seulement, pour toi rien n'est trop mérité.
Avoir une vie remplie de compréhension,
C'est ce que je veux pour mon garçon.
Quand tu es arrivé tout c'est bousculé.
Ma vie, mon passé s'est quelque peu tassé
Pour te laisser toute la place près de moi.
Je veux pour mon garçon une vie de soie.

Il est certain que tu rencontreras des obstacles
Et que tu les surmonteras avec élégance
En prenant la vie comme un spectacle.
Tout en restant dans le chemin avec brillance.
Brillance dans le sens d'être impartial
Pour reconnaître ceux qui font le bien et le mal.

Car, croit bien que des gens sans moral
Il y en a aussi sur notre belle petite étoile.
Que pour les affronter il ne te faut pas être trop naïf
Et de savoir utiliser certains mots négatifs (non).
En plus de ces mots, il faut une explication.
Il t'est permis de mentir pour compléter la négation.
Choisie bien tes amis avec tact et doigté.
Ils te suivront pour une bonne infinité.

Peut-être qu'à un moment je te blesserai,
Comprend que c'est pour ton bonheur futur.
Car, aujourd'hui, demain, dans quelques années,
Tu verras que ce n'était pas de la torture.
Et qu'à cause de cela tu seras apprécié
Tellement que pour te voir, ils vont se bousculer.
Bousculé est peut-être exagéré.
Rappelle toi, ce n'est pas la quantité mais la qualité.
Une tête est beaucoup plus efficace que la foule.
Comme le petit ruisseau rempli le fleuve qui coule.

Le ruisseau a une eau limpide et pure.
Le fleuve en a une empli de salissure.
Assez de philosophie pour l'instant
Tu as arrêté de pleurnicher il y a un moment.
Rappelle- toi que pour respecter les gens,
Tu dois te respecter et te connaître bien avant.

Un geste

L'horizon fut sombre
Et le regard se détourna
Y apparu alors l'ombre
Et le regard se retourna

Dans un geste désespéré
Les paupières s'en sont fermées

Le ciel assombri de nuage
Abaissa la vue océane
Et de l'oreille écoute le rouage
De la vague qui plane

Dans un geste désespéré
L'ouïe ne pu l'écouter

Du toit tomba la pluie
Et le corps s'apitoya
S'écroula sans un bruit
Seul le visage s'éleva

Dans un geste désespéré
Du fléau se fit toucher

Le pauvre paysan

Un jour, une nuit, le fils d'un pauvre paysan
Trouva une lampe, pleine de rouillure,
Aux abords d'un ruisselet chantant.
Ce même jour, ce même, il la rapporta chez-lui.
Après s'être mis à l'aise en enlevant :
Chaînes, chapeau, chaussures,
Il s'installa à table pour le repas gourmand
Et s'abreuva de l'eau du puits.
Peu après la déglutition des aliments,
Il lava sa peau remplie de salissure
Pour ensuite, gagner le confort de son lit.
Dans les alentours de minuits,
Le sommeil ne l'emporta pas, pensant.
Il se hissa alors de son nid
Et descendit l'escalier silencieusement.
Il assit son corps plein de courbature
Dans une chaise berçante, et en se berçant,
Il vit sur le comptoir la lampe à la mauvaise allure.
Il décida alors d'en nettoyer sa souillure.
Un long frottis, un grand frotta, en astiquant
Et la lampe se retrouve flambante.
Suite à un effort soutenu et gaiement,
Une chose inattendue se produisit.
Une fumée verdâtre, transparente et brillante
Présenta une forme mi-humaine; celle d'un génie.
Le génie s'exprima d'une voix puissante
-pour m'avoir trouvé, récuré et poli,
Je t'accorde trois de tes grands désirs.
Le jeune homme réfléchissant y demanda :
-je veux un coffre comble de pièces d'or!
Il fut exaucé sur-le-champ.

Sous les marches de l'escalier, le coffre s'y trouva
Sans clef et d'une solide armature;
Impossible d'en utiliser le contenant.
Le jeune homme vaillant compris alors et se dit :
-je n'aurai jamais assez de trois souhaits.
Réfléchissant un court instant encore et soudain,
Le sourire en coin, les yeux pétillants…
-je suis près pour mon second désir, dit-il!
-je désir avoir des vœux à l'infini, tant que je vivrai!
Le génie garda le silence quelques moment et s'exclama :
-vous êtes mon maître, maître.
Le paysan se servi de ses vœux à l'infini.
Il aida : pauvre, travailleur et malade.
En fait, il s'en servi pour le bien du pays.
Il n'en parla à personne, ni amis (es),
De peur que cela ne tombe entre des mains malveillantes.

À l'intention du prince

Oh toi, prince et gardien du seuil
Qu'as-tu donc si ce n'est que des mensonges?
Je ne crois plus les hypocrites et leurs sales gueules.
Je te prie de retirer ta fourche de mon épaule et songe...
N'as-tu jamais prié pour qu'on te pleure?
Jadis, toi-même enfant braillant jusqu'à la dernière heure
Épouvanté par des mains trop dures pour si peu
N'as-tu jamais supplié toi-même les cieux?
Ah! Tu aimes te faire haïr et tu n'aimes!?
Foutaise! Tu aimes te faire haïr; tu aimes ou pas?
Je t'ai eu où pas; tu l'attendais celle-là?
Oh oui! Depuis des tas d'année celle-là...

Ange de la douceur

Ma pupille sonde les environs
Cherchant la nymphe de l'amour
Dans mon regard pas de sons
Pas d'ailes battantes aux alentours.

Pas de brandissement, aucun bruissement
La lumière pollue ainsi mon œillade
Sans y reconnaître la silhouette d'antan
Mes sentiments sont alors maussades.

Je cherche l'ange de la douceur
Mon museau flaire dans les bois, le rivage
Y humant parfum, baume, l'odeur
Pas de pureté dans les parages
Pas plus de fleurs fanées, ni d'insipidité
Les restes corrompre ce que je sens
Sans y sentir l'arôme dont elle doit s'arroser
Mes sentiments sont quelque peu maussades.

Cette nuit là

Cette nuit là,
Le somnifère peigna son œuvre
À ce matin là,
L'éveil trancha mon cœur et de son sang s'abreuve

La caresse est plus douce dans la nuit
Et quand se lève l'aurore, elle s'enfuit.

La chair de mon navire s'échoua
La coque de mon esprit se brisa
Le moteur de mon amour calla,
Et la cargaison de mes sentiments sombra
Alors s'abat sur mon épave un flot d'insulte
Et l'âme du capitaine s'apitoya.

Et cette nuit là,
Le somnifère peigna son œuvre
Et ce matin là,
 L'éveil trancha mon cœur et de mon sang s'abreuve.
La caresse est plus douce la nuit
Quand se lève l'aurore, je m'ennui.

Comment oser?

Comment vous osez, vous anarchiste,
Détenteur d'une fausse connaissance?
Vous prendre pour des autonomistes
En vous vengeant sur l'omnipotence

Vouloir tout briser, tout saccager
N'amène que peur, peine et douleur.
Se révolter contre toute autorité
S'est être autoritaire face aux leurs.

Le monde suit un ordre ordonné,
L'univers est régi par des lois.
Si une seule était désarçonnée
Le chaos serait sans la joie.

Imagine un monde sans une loi,
Plus de société tard les soirs.
Plus de chaleur, rien que du froid,
Personne pour vous donner à boire.

Que des crimes violents autours,
Vos enfants maltraités sous vos yeux,
Vous même brutalisé à votre tour.
Plus personne pour soigner vos bleues.

Vous pouvez changer cette société
Dans les règles conduites par l'art.
N'adoptez pas le règne aux gens immondes.
Rendons à César ce qui est à César.

La route a souvent deux chemins.
Emprunter le mauvais vous détruira.
Respectez la vie dans son dessein
Avec foi et patience, elle le rendra.

Dans la ville

Vivre de nuit, en tamisant le jour
C'est correct, même que c'est sein.
Là où ça se complique un peu,
C'est à l'absorption de mélanges explosifs.

La lune est l'astre de l'amour
Où deux corps se fusionne si serein.
Ils s'adonnent à de délicieux jeux
Tout en évitant d'être impulsifs.

L'abus d'alcool et de drogue dure,
Déconnecte les gens de la réalité.
Le cerveau devient quelque peu impur
Et bafouille et calomnie la pureté.

Combien de personnes sans défense
Attaquées dans leur foyer par la démence;
Pour s'approprier de l'argent facilement
Au nom du démon et des esprits déments.

Démon, se dit monde, syllabe à l'envers
Ce monde, est embrouillé par des êtres pervers
Qui ont convoité plusieurs consciences,
Afin d'agrandir leur empire immense.

En affaiblissant l'astre de lumière,
Celui qui se révèle comme l'amitié,
Les gens ne se font plus frère
Et c'est là que commence l'individualité

Les étoiles scintillantes argentées
Font référence aux relations sans lendemain.
Dans le ciel de la ville quasi dénudé,
Il y a trop d'ébat sexuel malsain.

Ceci est l'œuvre incomplète du malin;
Oublier le romantisme pour assouvir ses passions,
Assujettir à ses pieds et à ses mains
Nombre de fidèle par de destructives tentations.

Dans les pommes

Écoutez l'histoire de cet homme
N'ayant pas encore goutté la pomme
Enfermé, enchaîné et verrouillé
Dans la prison des non-pardonnés.

Lâchez-les les incompris!
Quel faible que vous soyez
Lâchez-les, m'avez-vous compris?
Quel rapace que vous soyez.

Jamais ne plus pouvoir rêver
C'est la peine qu'ils doivent purger
Enfermé, enchaîné et verrouillé
Derrière des verrous bien imaginés.

Blessé, souillé, déchiré
Par la main des chiens
Bafoué, abusé, détesté
Par la bouche des crétins.

Votre vomi à la gorge vous pogne
Ayant ainsi goutté la pomme
On est bien enfermé, enchaîné
Vous êtes les prochains non-pardonné.

Cet homme vous sera en avant
Vous, goinfré dans les pommes
Dans sa main tiendra votre jugement
Vous ne rirez plus de cet homme.

De mes doigts

D'un seul doigt, je te pointe
De deux doigts, je t'appelle
De trois doigts, je t'arrête
De quatre doigts, je te parle
De cinq doigts, je te caresse
Et de ma main, je te retiens

Gouttez l'ivresse de l'amour, c'est la même que l'alcool
J'ai bu de l'amour dans mon coin, j'ai savouré l'alcool dans ce
même coin
M'abreuver de cette saveur vide, comme l'amour de chair aride
Liqueur que je crachai, goût amère, tendresse vide de sens qui
ne désaltère
Odeur merdique que trahie mon visage, et de champignon que
déguste mes papilles
Autant de mots mensonges qui me dévisage, et de caresses
noires qui serviles

En l'espace du temps

Dans l'espace et dans les temps
Se promène mon âme malade
Passé amer nourrit par le présent
N'est-il alors qu'un amas de salade,
Où s'y berce la confusion de l'enfant?
Aimé dans la tempête qui le barde
Et à main nue, brave avec amour le régiment
Qui, de violence et d'injure, le bombarde
S'agenouillant devant les coups violents
La mort mène la vie en balade.

Fausse réalité

Triste réalité des dégénérés
Leurs yeux de pas fin s'affament
Gruge les entrailles de la proie
S'empiffre d'excrément et non de chair
Leurs gueules dégueulasses ensanglantés
Pose leur regard d'égoïste et d'infâme
Sur la pelure et la patte à la fois
De la dépouille sous dents de fer
Figé par le croc en dent de scie carié
Et l'hypocrite attaque qu'il clame
Le bétail ne respire que par foi
Sous l'emprise du destructeur et son flair

Flacons d'encre

Passer des flacons d'encre à pleurer
Se repasser ses vieux chagrins
Tant chagriné, immortalise ses douleurs
Étendre en des traits et d'une patte blessée
Écrire la mélodie de la peine de sa main
S'écrouler dans la marre de larmes, mouillant le bonheur.

Me permettrais-je de répandre l'encre,
Et sur un immense parchemin, y tracer un sourire?
D'y inclure ma signature en souvenir,
Remémorant des rires et des crampes.

L'ascension

Dans la majesté des alpes de ma conscience
À entreprit l'escalade, mon esprit en démence
Dans son périple vers le sommet
De son courage et de sa force, bravait,
Tempêtes d'injustice et de sacrilèges
Qui y ont fouettés son visage blême
La froideur de l'amour le mordant
Laissait sur la peau trace de sang.
Le beau temps est rare dans les hauteurs
Tout autour rocher, blancheur et rigueur.
Pulsion de vie dans élan de folie
Puissance des ténèbres dans la nuit.
Et lorsque la crête fut atteinte,
Le drapeau brisa le rock dans la plainte
D'un souffle tremblant, son corps s'écroula,
Sous la lumière du soleil, la conscience s'éveilla.

La colère

Ma colère pousse l'adversaire dans son coin
Rugissent, tel un tigre, la haine souleva le poing
L'aliment sous la dent, affamé de vengeance
Se dépose ma patte de félin sous instance.
La fureur au cœur demande des soins
Ronronne le matou et miaule au loin
La caresse de sa fourrure est comme de la pitance
Celle qu'il savoure, ou il salive, nourrit sa panse.

La défaite

L'amour s'en va, l'amour revient
La beuverie à ce point illégale
Griffe dans la solitude le creux de tes reins
Et saigne dans les draps de la honte matinale

Devant l'atroce amour qui s'en va
Je répugne l'amour qui s'en vient

Les hommes de mon escadron tombent
L'ennemi en grand nombre hargne
Le reste de l'escadrille creusent leurs tombent
Le camp adverse de nous se nargue

Devant le tendre amour qui s'en va
Je repousse l'amour qui s'en vient

Le noble et l'altesse

Je t'offre un panier de fruit par amour, Se présenta un noble
Passe ta route, et passe ton tour, s'écria son altesse
Auriez-vous besoin de pierre froide, de luxure? Proposa le
noble
J'ai besoin de richesse et de pierre d'azure, s'affola l'altesse
Je t'offre alors chaleur et tendresse, reprit le noble
Je n'ai que faire de ta paresse, l'injuria l'altesse
Le noble salua sa beauté
L'altesse répugna sa bonté
Dans la violence continuelle,
Le peuple connu la gamelle
Et le jour des offrandes,
La cour ne fut désaltérante
Je t'offre un panier de fruit par amour, se représenta le noble
Encore sur ma route et dans ma cour, s'interrogea l'altesse
Auriez-vous besoin de pierre froide, de luxure, proposa le
noble
J'ai besoin de tendresse et d'un cœur pur, s'indigna l'altesse
Je t'offre alors chaleur et verdure, s'en prit le noble
Je n'ai que faire de tes aumônes, je veux ta caresse
Le noble s'assoiffa de sa beauté
L'altesse se désaltéra de sa bonté
Devant la violence continuelle, l'amour est perpétuel
Le jour de leur union, fut brisé la rébellion

Le vrai malade n'est pas moi

La musique Jazz en accord calme ma rage
Esprit malade, possédé ou ensorcelé, allez savoir?
Autant d'ignorance et d'autant de commérage
Ce rhume ne naît pas seul, naît-il du ciel ou de l'enfer, allez
savoir?
Le grippé crache son venin et un malheureux l'aval
Pour le soigner, trouvez la cellule souche, trouvez les vrais
malades!

La musique Jazz en harmonie affaibli ma rage
Esprit tourmenté, illuminé ou illusionné, allez savoir?
Autant de mensonge et d'autant de saccage
Ce remède ne se trouve pas seul, l'élite sera-t-elle ange ou
démon, allez savoir?

Le yin de La plume et son yang

Je vis dans un rêve un ange
Une tante défunte violemment
Elle me conseilla la plume blanche.
Exténué de l'autorité, elle vola au quatre vents.
Puis le temps passa
Puis le temps revint

J'utilisai la plume noire dans la détresse
Je la poussa dans les cries et les pleures
L'ivresse fit jaillirent l'encre sur la presse
Exténué de cette violence à toute heure

Puis le temps passa
Puis le temps revint

Je me mis à la recherche de la plume blanche
Puis le temps passa
Je la retrouvai et y plaça au même endroit la plume noire
Puis le temps revint

Manque d'inspiration

Les heures s'enfoncent dans la noirceur
La flambée qui illumine mes nuits, demande du bois
Ces rayons ne caressent plus ma chair.

Il faut abattre cet arbre dans la douleur
Ma hache d'injure frappe le tronc, colérique des bras aux
doigts
Fendant la bûche, s'élève cette corde de misère.

De retour au foyer atténué, cherchant chaleur
Tâtonnant le petit bois sachant que le feu châtiera le froid
Alors dans la brûlure des rêves j'y glisse fier.

Mise à nue

Pourquoi est-elle si belle,
Lorsqu'elle offre son regard
Son âme mis à nu, à poil,
Devant un fragile gaillard?

Se rend-t-elle compte de son crime,
Réparer un cœur souillé, abandonné?
Le remettre sur la route prime
Car, il y a longtemps était redouté.

De son teint allure triste et aimant,
Elle tisse comme le fait l'araignée.
Un piège pour l'amour de son amant.
La vie, le fruit de son bien aimé

Polytoxico la planète

À peine as-tu 20 ans en âge universel
Qu'on te force à te détruire
Et les vampires se nourrissent du trop de sel
Lorsque tu verses tes larmes, ne pouvant fuir.

Ils souillent tes veines d'eau
Avec leurs aiguilles dans le sol
Ton ciel enfumé te rend et donne chaud
Et l'encre noir gicle dans ta bol.

On te construit de nouvelles artères,
Et tout le bruit qui y coule
Diminue ta vie et roule le train d'enfer
Te faisant, avec fracas, perdre la boule.

Tes pensées t'habite en parasite,
Avec tant d'efforts, briment ta santé
Se sont même placé sous orbite
Devant ton malheur à respirer.

Une cure de désintoxe s'impose
Le courage de ton sol fertile,
Tire les cordes sensibles, et tu composes,
Dans le secret, pour l'habitant civil.

Soit franche

Pour une mince goutte d'eau dans le désert
Pour un endroit de survie lors de la guerre
Pour une seule place sur un navire, loin de la misère
Me la laisseras-tu?
Pour une histoire pleine de promesse
Pour un paradis rempli de tendresse
Pour un savant sauvant toutes espèces
Me croirais-tu?
Pour un monde invisible à ta vue
Pour un chemin plein d'imprévu
Pour une danse dansée les poings nu
Me suivrais-tu?
De la mince goutte d'eau, j'en ferais rivière
De l'endroit de survie, j'en ferais ta tanière
Loin de la misère, cette place, j'en ferais ta croisière
Et de cette histoire, tu serais l'héroïne
Et de cette tendresse, tu en serais coquine
Et de ce savant, tu en serais concubine
De ce monde invisible, je sauverais ta peau
Sur le chemin d'imprévu, je te guiderais de haut
Dansant les poings nus, je braverais les eaux
Me comprendras-tu? Soit franche.

Son reflet

Le petit garçon bavassant tout seul
Face à face avec son reflet
Contemple son visage dans son œil.
Que cherches-tu dans son œillet?
De vieilles cicatrices du passé?
Elles te sont marquées, bien tatoué.
Ton regard humide est navré
Des charognards ton bien dépecé.
Ta carcasse fut un stratagème
Pourrissant, l'odeur les attirera
Le chasseur attend, rongé lui-même,
Assoiffé de mettre la patte sur ces rats.

Et le printemps se bouette, mais attend
Et l'été se dessèche, mais attend
Et l'automne se mouille, mais attend
Et l'hiver se glace, mais attendra

Une simple parcelle

Si j'avais un soupçon de la bonté des anges
Et la force, le courage, et le talent des démons,

Je ferais trembler le paradis des vautours
Pour ne pas que leur égo s'élève
J'offrirais de ma main miséricorde et aide à eux
Pour ne pas que leurs enfants ne crèvent.

Si j'avais l'éternité des Dieux
Et l'immortalité des anges déchus,

J'accorderais la vie éternelle à cette terre
Pour ne pas que ce joyau disparaisse
Je donnerais l'immortalisation aux forêts
Pour que la nourriture abonde.

Si je possédais une parcelle de ma vie
La force et le courage, et le talent
Si seulement je la possédais...

Table des matières

.

www.ingramcontent.com/pod-product-compliance
Lightning Source LLC
LaVergne TN
LVHW051702080426
835511LV00017B/2691